Glasperlen

Ausgefallen schöne Schmuckstücke

Anleitung Seite 6

Gaby Wiedemann

Impressum:

ISBN: 978-3-86545-180-4 ▪ Best.-Nr.: 45180

Fotos: Andrea Splietker
Styling: Andrea Splietker
Grafik/Zeichnungen: Daria Broda
Layout/Satz/Bildbearbeitung: Andrea Splietker
Druck: Merkur Druck GmbH & Co. KG, Detmold ▪ www.merkur-druck-online.de

1. Auflage 2007

Vorwort

Perlenschmuck – das große Thema dieser Zeit!

Glasperlen, Rocailles, Acrylperlen, Metallperlen und Ringe, aufgezogen auf Nylonfaden, Schmuckdraht, Baumwollkordel, in Verbindung mit antiken Ankerketten, hellsilbernen edlen Ketten usw. ... Der Phantasie sind einfach keine Grenzen gesetzt und Sie können Ihrer Kreativität freien Lauf lassen.

Mit wenig Zeitaufwand werden absolute Hingucker, passend zu Ihrer aktuellen Garderobe, erstellt. Jede einzelne Kette hat ihren eigenen Charakter und besonderen Reiz.

Beim Erstellen Ihrer Schmuckstücke wünsche ich Ihnen ein kreatives Händchen und beim Tragen viele bewundernde Blicke.

Ihre Gaby Wiedemann

Gaby Wiedemann

Material & Werkzeug

- Nylonfaden
- Niet- und Kettelstifte
- Ankerketten
- Ohrhaken
- Kettenverschlüsse
- Ringel
- Quetschperlen
- 2 Flachzangen
- Rundzange
- Seitenschneider
- Schere
- Glasperlen in verschiedenen Formen und Farben
- Rocailles
- Kunststoffperlen

So wird's gemacht!

Flachzange

Mit zwei Flachzangen die Kettenglieder neben der Öffnung fassen und so zum Öffnen und Schließen auseinander und wieder zusammenbiegen.

Quetschperlen

Quetschperlen werden zum Befestigen des Verschlusses verwendet. Das Endstück des Nylonfadens oder Schmuckdrahtes durch eine Quetschperle, den Verschluss und wieder durch die Quetschperle zurückführen. Den Nylonfaden bzw. Schmuckdraht stramm ziehen und die Quetschperle mit einer Flachzange gut zusammendrücken. Den Faden durch ein paar Perlen zurückfädeln und abschneiden.

Ringel

Ringel mit einer Flachzange öffnen, das Schmuck-Teil einhängen, an der Kette platzieren und wieder mit der Flachzange verschließen.

Lederbandverbinder

Das Endstück eines Lederbandes oder einer Baumwollkordel in einen Lederbandverbinder einlegen und mit einer Flachzange zusammendrücken. Am Lederbandverbinder und am Verschluss zum Verbinden ein Ringel einhängen.

Niet- und Kettelstifte

Kettelstifte haben an einer Seite eine Öse. Die Perlen auffädeln und den Kettelstift ggf. kürzen. Das offene Ende mit einer Rundzange zu einer weiteren Öse biegen. Kettelstifte eignen sich, um Kettenstücke miteinander zu verbinden.
Nietstifte haben an einem Ende ein Köpfchen und werden verwendet, wenn als Abschluss eine Perle benötigt wird. Die Perlen auffädeln und den Nietstift ggf. ebenfalls kürzen. Das offene Ende zu einer Öse biegen und den Nietstift vor dem Verschließen der Öse an der gewünschten Position der Kette oder des Armbandes einhängen. Schöner hängt der Nietstift, wenn er mit einem Ringel befestigt wird.

Ankerketten

Ankerketten sind Gliederketten, die es in verschiedenen Ausführungen gibt. Zum Zerlegen der Ketten wie oben beschrieben mit zwei Flachzangen einzelne Kettenglieder auf- und zu biegen.

Rundzange

Mit einer Rundzange lassen sich an den Kettel- bzw. Nietstiften die Ösen biegen. Mit der Zangenspitze kann eine sehr kleine Öse und mit dem breiten, hinteren Teil der Zange eine etwas größere Öse gebogen werden.

Herz- Sinfonie

Kette

Material:

- 3 Rocaille-Kugeln, Ø 1,5 mm
- eisfarbenes Glasherz, Ø 26 mm
- 3 rosa Glasherzen, Ø 12 mm
- weiße, böhmische Glaswachsperlen: 27 x Ø 4 mm, 11 x Ø 6 mm, 1 x Ø 10 mm
- transparente Rocaille-Tropfen, 4 x 3 mm
- fliederfarbene Rocaille-Würfel, 4 x 4 mm
- 8 silberne Kunststoffperlen „Rose", Ø 5 mm
- silberner Knebelverschluss „Rose"
- silberner Schmuck-Nietstift, 60 mm
- 2 silberne Quetschperlen
- Nylonfaden

Zunächst das Glasherz auf einen Schmuck-Nietstift setzen und eine Öse biegen. Nun zwei 1,20 m lange Nylonfäden mittig einhängen und die Perlen gemäß Abbildung oder nach Belieben auffädeln. Abschließend mithilfe von Quetschperlen den Knebelverschluss anbringen.

Tipp:

Die Kette wirkt auch in anderen Farben sehr schön. (siehe Seite 1)

Armband

Material:

- 4 rosa Glasherzen, Ø 12 mm
- weiße, böhmische Glaswachsperlen: 8 x Ø 4 mm, 10 x Ø 6 mm
- transparente Rocaille-Tropfen, 4 x 3 mm
- fliederfarbene Rocaille-Würfel, 4 x 4 mm
- 3 silberne Kunststoffperlen „Rose", Ø 5 mm
- silberner Knebelverschluss „Rose"
- 2 silberne Quetschperlen
- Nylonfaden

In ein Knebelverschlussteil mittig einen 60 cm langen Nylonfaden einhängen, mit einer Quetschperle fixieren und laut Abb. oder nach Belieben die Perlen ein- bzw. zweispurig auffädeln. Zum Schluss das andere Knebelverschlussteil ergänzen und mit einer Quetschperle sichern.

Ohrringe

Material:

- 2 rosa Glasherzen, Ø 12 mm
- je 2 weiße, böhmische Glaswachsperlen: Ø 4 mm, Ø 10 mm
- 2 silberne Kunststoffperlen, „Rose", Ø 5 mm
- 2 fliederfarbene Rocaille-Würfel, 4 x 4 mm
- 2 silberne Schmuck-Nietstifte, 60 mm
- 2 silberne Ohrhaken

Die Perlen laut Abbildung auf den Schmuck-Nietstift fädeln, eine Öse biegen und am Ohrhaken befestigen.

Rosengarten

Kette

Material:

- 2 Fertigketten mit Knebelverschluss, 50 cm lang
- 7 rosa-bunte, ovale Glasperlen, 20/15 mm
- 5 böhmische, rosa Glaswachsperlen, Ø 10 mm
- 8 silberne, runde Perlkappen, Ø 10 mm
- silberner, geflochtener Ring, Ø 20 mm
- 7 silberne Nietstifte
- 5 silberne Kettelstifte
- 11 silberne Ringel, Ø 7 mm

Zunächst vier rosa Glaswachsperlen mit Perlkappen umschließen und auf je einen Kettelstift fädeln. Eine weitere Glaswachsperle auf einen Kettelstift setzen und in den geflochtenen Ring einhängen. Alle rosa-bunten Glasperlen ebenfalls jeweils auf einen Nietstift fädeln und eine Öse biegen. Die Nietstifte in gleichmäßigen Abständen mit je einem Ringel an einer Fertigkette befestigen. Die zweite Fertigkette in sechs ca. 3 cm lange Stücke teilen. Die Stücke mit den aufgefädelten Kettelstiften und dem Ring wieder verbinden und das Ganze mit Ringeln etwa 13 cm vom Verschluss aus rechts und links an der Kette einhängen. Zum Schluss den Knebelverschluss anbringen.

Armband

Material:

- 5 böhmische, rosa Glaswachsperlen, Ø 10 mm
- Kette mit Knebelverschluss (Rest von Kette)
- 10 silberne, runde Perlkappen, Ø 10 mm
- 2 silberne Ringel, Ø 7 mm
- 5 silberne Kettelstifte

Alle Glaswachsperlen mit Perlkappen umschließen, auf Kettelstifte setzen und Ösen biegen. Die Kette in sechs gleiche Stücke zerteilen und die Kettelstifte einarbeiten. Den Abschluss bilden die Knebelverschluss-Teile, die mit Ringeln angebracht werden.

Ohrringe

Material:

- 2 rosa-bunte, ovale Glasperlen, 20/15 mm
- 2 böhmische, rosa Glaswachsperlen, Ø 10 mm
- 4 silberne, runde Perlkappen, Ø 10 mm
- 2 silberne Nietstifte
- 2 silberne Kettelstifte
- 4 Kettenglieder
- 2 silberne Ohrhaken

Die Perlen laut Abb. auf die Niet- bzw. Kettelstifte fädeln, miteinander verbinden und an den Ohrhaken einhängen.

Angle in Love

Kette

Material:

- rosa Glasherzen: 5 x Ø 12 mm, 3 x Ø 20 mm
- 8 rosa Glaskugeln, Ø 10 mm
- 4 altkupferne Scheiben, Ø 9 mm
- 2 altkupferne Walzen, 6/8 mm
- 4 altkupferne Perlkappen, Ø 13 mm
- 1 altkupferner Nietstift, 38/07 mm
- 5 altkupferne Kettelstifte, 38/07 mm
- altkupferner, quadratischer Antikanhänger, 3 x 3 cm
- Rocailles, Ø 2 mm: goldmetallic, transparent mit rosa Farbeinzug
- Stiftperlen, Ø 4,5 mm: kupfermetallic,
- rosa
  antikkupferne Ankerkette, Ø 1,2 mm,
- 40 cm lang
  Nylonfaden

An dem quadratischen Anhänger mit Niet- bzw. Kettelstiften zwei verschieden große Glasherzen befestigen. Durch die fünf Ösen des Anhängers jeweils 60 cm lange Nylonfäden mittig einhängen. Den Faden der mittleren Öse einmal nach links und einmal nach rechts führen.

Nun nach Belieben die Perlen auffädeln, dabei die drei linken Fäden wie die drei rechten bestücken. Alle Fäden einer Seite mithilfe einer Quetschperle an einem Kettenglied befestigen. Die restlichen Perlen auf Kettelstifte fädeln und laut Abb. mit der Kette verbinden.

Armband

Material:

- 4 rosa Glasherzen, Ø 12 mm
- 4 rosa Glaskugeln, Ø 10 mm
- altkupferne Antikanhänger: „Engel", „Fisch", „Kreuz", „Walze"
- altkupferne Ankerkette, Ø 1,2 mm, 20 cm lang
- altkupferner Knebelverschluss
- 4 altkupferne Kettelstifte
- 4 altkupferne Nietstifte
- 8 altkupferne Ringel

Alle Kugeln auf Kettelstifte, die Herzen auf Nietstifte fädeln und die Enden zu Ösen biegen. Die Kettelstifte in regelmäßigen Abständen in die Kette einarbeiten. Die Schmuckteile und Herzen mit Ringeln an der Kette befestigen. An den Enden die Verschlussteile anbringen.

Ohrringe

Material:

- 2 rosa Glasherzen, Ø 12 mm
- 2 rosa Glaskugeln, Ø 10 mm
- 2 altkupferne Scheiben, Ø 9 mm
- 2 altkupferne Ohrhaken
- 2 altkupferne Nietstifte
- 4 Glieder der altkupfernen Ankerkette

Die Perlen auf die Kettelstifte fädeln, die Enden zu Ösen biegen und an den Ohrhaken befestigen.

Rosa Flieder

Am Rosenteil des Knebelverschlusses zwei 50 cm lange Nylonfäden mittig einhängen und mit einer Quetschperle fixieren. Die Fäden laut Abb. so mit den Perlen bestücken, dass sich drei Stränge bilden. Ein Faden läuft dabei blind mit. Alle Fäden durch eine Glasraute ziehen und mit einer Quetschperle an einer 20 cm langen Ankerkette befestigen.

Nun die brombeerfarbenen Perlen, teils mit altsilbernen Perlen auf die fünf Kettelstifte setzen, Ösen biegen und mit jeweils sechs Kettengliedern verbinden. Am letzten Kettenstück das zweite Verschlussteil einhängen.

An diesem Verschlussteil außerdem einen 50 cm langen Nylonfaden mittig mit einer Quetschperle fixieren und daraus zwei etwa 20 cm lange Perlenstränge bilden. Diese mithilfe einer Quetschperle an beliebiger Stelle an der Ankerkette befestigen. Zum Schluss aus Nylonfäden und den restlichen Perlen eine Quaste bilden und mithilfe einer Quetschperle am runden Knebelverschlussteil fixieren.

Kette

Material:

- 4 brombeerfarbene Glasrauten, 20/15/5 mm
- 3 brombeerfarbene Glaskugeln, Ø 10 mm
- 4 weiß/brombeerfarbene Glaslinsen, Ø 7 mm
- fliederfarbene Rocaille-Tropfen 4/3 mm
- transparente Rocailles mit rosa Farbeinzug, Ø 2 mm
- transparente Stäbchen mit rosa Farbeinzug, 4,5 mm
- fliederfarbene Stäbchen mit Silbereinzug, 2 mm
- 10 altsilberne Kunststoffperlen
- silberner Knebelverschluss „Rose"
- antiksilberne Ankerkette, 20 cm lang
- 5 silberne Quetschperlen
- 5 silberne Kettelstifte
- Nylonfaden

Ohrringe

Material:

- 2 brombeerfarbene Glasrauten, 20/15/5 mm
- 2 brombeerfarbene Glaskugeln, Ø 10 mm
- 6 altsilberne Kunststoffperlen
- 2 silberne Ohrhaken
- 2 silberne Nietstifte
- 2 silberne Kettelstifte
- 2 Glieder der altsilbernen Ankerkette

Die Perlen laut Abb. auf die Niet- bzw. Kettelstifte fädeln, mit dem Ankerkettenglied verbinden und an den Ohrhaken hängen.

Rosenherz

Armband

Material:

- 3 brombeerfarbene Glasherzen, Ø 12 mm
- 7 brombeerfarbene Glaskugeln, Ø 10 mm
- antikmetallene Acrylrosen: 13 x Ø 5 mm, 4 x Ø 10 mm
- fliederfarbene Stäbchen, 4,5 mm
- fliederfarbene, regenbogen-transparente Stäbchen, 4,5 mm
- brombeerfarbene Stäbchen, 6,5 mm
- brombeerfarbene Rocailles: Ø 2 mm, Ø 4 mm
- antiksilberner Knebelverschluss „Herz“
- 2 silberne Quetschperlen
- Nylonfaden

Zunächst zwei 50 cm lange Nylonfäden mittig an einem Teil des Knebelverschlusses einhängen und mit einer Quetschperle fixieren. In gewünschter Länge auf jeden Strang die Perlen passend zur Kette auffädeln und wieder mit einer Quetschperle am Gegenstück des Knebelverschlusses befestigen.

Kette

Material:

- gestreiftes, brombeerfarbenes Glasherz, Ø 26 mm
- 6 brombeerfarbene Glasherzen, Ø 12 mm
- 18 brombeerfarbene Glaskugeln, Ø 10 mm
- je 10 antikmetallene Acrylrosen: Ø 5 mm, Ø 10 mm
- 2 antiksilberne Knebelverschlüsse „Herz“
- silberner Schmuck-Nietstift, 60 mm
- fliederfarbene Stäbchen, 4,5 mm
- fliederfarbene, regenbogen-transparente Stäbchen, 4,5 mm
- brombeerfarbene Stäbchen, 6,5 mm
- brombeerfarbene Rocailles: Ø 2 mm, Ø 4 mm
- 2 silberne Quetschperlen
- Nylonfaden

Das große Glasherz auf einen Schmucknietstift setzen, eine Öse biegen und den Stift am runden Teil des Rosenknebelverschlusses einhängen. Nun vier 70 cm lange Nylonfäden mittig in den Rosenring einhängen. Jeweils vier Enden auf jeder Seite etwa 28 cm weit laut Abb. mit den Perlen befädeln. Dabei die vier Fäden jeweils unterschiedlich gestalten, jedoch zur rechten und linken Seite hin gleich. Die Stränge mit einer Quetschperle an den Verschlussteilen befestigen.

Orient-Traum

Material:
- kupferbunter Acrylanhänger, 65/35 mm
- 4 rotgoldene, ovale Perlen, 25/12 mm
- 3 rotgoldene Glas-Linsen, Ø 23 mm
- 4 antikgoldene Rauten
- 16 orange Muschelblättchen, Ø 10 mm
- 7 orange Acrylwürfel, Ø 6 mm
- 8 feueropalfarbene Swarovski-Glasschliffperlen, Ø 4 mm
- orange Rocailles, Ø 2 mm
- goldene Kette, 0,5 m lang
- goldener Knebelverschluss
- 16 goldene Ringel
- 11 goldene Kettelstifte
- 7 goldene Nietstifte
- Nylonfaden

Einen Nylonfaden etwa 4 cm weit mit Rocailles befädeln, durch den Acrylanhänger ziehen und mit einer Quetschperle an einem 5 cm langen Kettenstück befestigen. Alle Perlen laut Abb. oder nach Belieben auf Niet- bzw. Kettelstifte fädeln. Die Kettelstifte in die Kette einarbeiten und die Nietstifte sowie die Perlmuttblättchen mit je einem Ringel an gewünschter Position an der Kette befestigen. Als zusätzlichen Hingucker auf Nylonfäden gefädelte Rocailles in die Kette einarbeiten. An den Enden die Verschlussteile anbringen.

Schöne warme Farben und schmeichelnde Formen geben dieser Kette das besondere Flair aus 1001 Nacht - verführerisch!

Lonley Heart

Material:

- rotgoldenes Glasherz, Ø 26 mm
- 2 rotsilberne Satinkugeln, Ø 18 mm
- 3 rote, ovale Glasperlen, 16 mm
- 2 rote Glaswürfel, 10 x 10 mm
- silberne Rocaille-Kugel, Ø 15 mm
- 2 silberne Kunststoffherzen mit Ornament, Ø 12 mm
- silberner Schmuck-Nietstift, 60 mm
- rote, matte Rocailles, Ø 4 mm
- rote Rocailles mit Silbereinzug, Ø 2 mm
- silberne Ankerkette, 0,5 m lang
- 14 silberne Metallringe, Ø 12 mm
- silberner Knebelverschluss
- silbernes Kettenzwischenteil, 30 mm
- 4 offene, silberne Perlkappen, Ø 18 mm
- 8 silberne Ringel, Ø 8 mm
- 7 silberne Kettelstifte
- 2 silberne Quetschperlen
- Nylonfaden

Das Herz auf den Schmucknietstift setzen und eine Öse biegen. Am Kettenzwischenteil einen 60 cm langen Nylonfaden mittig einhängen und zwei- bzw. einspurig ca. 17 cm Rocailles und Oliven auffädeln. Das Ende mit einer Quetschperle in einem Kettenglied befestigen.

Alle restlichen Perlen auf Kettestifte fädeln und die Enden zu Ösen biegen. Die Metallringe und Kettelstifte laut Abb. in die Kette einarbeiten. Zuletzt an beiden Enden die Knebelverschlussteile anbringen.

Meeresrauschen

Kette

Material:

- 2 petrolfarbene Linsen 35/20 mm
- 5 blau-türkise Linsen, Ø 18 mm
- 3 petrolfarbene Glaskugeln, Ø 10 mm
- 3 antike, ovale Kunststoffteile
- silberner Kunststoffkegel mit Ornament, Ø 13 mm
- türkise Rocailles, Ø 4 mm
- hellmint transparente Rocailles mit Farbeinzug, Ø 4 mm
- 2 silberne Knebelverschlüsse „Rose"
- 2 antiksilberne Perlkappen, Ø 10 mm
- silberner Schmuck-Nietstift, 60 mm
- 9 silberne Kettelstifte
- platinfarbene Ankerkette, 0,5 m lang
- 4 silberne Quetschperlen
- türkises Magic-Mesh Drahtgeflecht, 20 cm lang
- Nylonfaden

Den Schmucknietstift mit einer großen Linse bestücken und mit einer zuvor gebogenen Öse am Rosenring befestigen. Nun die Perlen entweder laut Abb. oder nach Belieben auf Kettelstifte bzw. auf Nylonfaden auffädeln und in die Ankerkette einarbeiten. Dabei das Drahtgeflecht gleich mit einer Quetschperle mit befestigen und auch durch die Perlen ziehen. Zum Schluss den Knebelverschluss an der Ankerkette fixieren.

Armband

Material:

- 8 petrolfarbene Glaskugeln, Ø 10 mm
- türkises Magic-Mesh Drahtgeflecht, 30 cm lang
- hellmint transparente Rocailles mit Farbeinzug, Ø 4 mm
- türkise Rocailles, Ø 4 mm
- transparent, petrolfarbene Stäbchen, Ø 4,5 mm
- silberner Knebelverschluss „Rose"
- 3 silberne Quetschperlen Nylonfaden, Ø 0,25 mm

Einen Nylonfaden mit einer Quetschperle mittig an einem Teil des Knebelverschlusses befestigen. Dabei direkt ein Ende des Drahtgeflechtes mit in die Quetschperle fassen. Auf beide Enden und das Geflecht eine türkise Rocaille, eine Kugel und wieder eine Rocaille fädeln. Nun auf einen Faden fünf transparente Rocailles, eine Kugel und wieder fünf transparente Rocailles fädeln. Auf den anderen Faden in gleicher Länge Stifte fädeln. Auf das Drahtgeflecht mittig eine transparente Rocaille ziehen und das Drahtgeflecht auseinander ziehen. Diesen Vorgang zweimal wiederholen. Zum Schluss mit Perlen und Rocailles die Länge des Armbandes variieren und mit einer Quetschperle am anderen Teil des Knebelverschlusses befestigen.

Ohrringe

Material:

- 2 petrolfarbene Glaskugeln, Ø 10 mm
- türkise Rocailles, Ø 4 mm
- 2 ovale Kunststoffteile
- 2 silberne Kunststoffkegel mit Ornament, Ø 13 mm
- 2 Glieder einer Ankerkette
- 2 silberne Nietstifte
- 2 silberne Kettelstifte
- 2 silberne Ohrhaken

Die Niet- und Kettelstifte laut Abb. mit den Perlen bestücken, miteinander verbinden und an den Ohrhaken einhängen.

Irisches Moos

Material:

- grünes Glasquadrat, 22/22/5 mm
- 2 grüne Glasrauten, 30/20/5 mm
- 5 grünsilberne, ovale Glasperlen, 22/12 mm
- 11 silberne, antike Kunststoff-Rauten, Ø 10 mm
- 9 silberne, ovale, antike Kunststoffperlen mit Ornament, 25/10/5 mm
- 2 altsilberne Lederbandverbinder
- 2 silberne Kettelstifte, 6 mm
- 2 altsilberne Ringel
- altsilberner Knebelverschluss
- schwarze Kautschukkordel, 3 m lang

Das Glasquadrat auf einen Kettelstift setzen und eine Öse biegen. Auf den anderen Kettelstift eine von Rauten umschlossene Glasolive fädeln und ebenfalls eine Öse biegen. Beide Kettelstifte miteinander verbinden.

Am Kettelstift mit dem Glasquadrat zwei ca. 1,5 m lange Kautschukkordeln mittig einhängen. Rechts und links einen Knoten binden, laut Abb. Perlen auffädeln und Knoten binden. Bei Erreichen der gewünschten Länge die Kordeln mit einem Lederbandverbinder am Knebelverschluss mittels Ringeln befestigen.

Die restlichen Kordelstücke durch den unteren Kettelstift ziehen, rechts und links je eine Kunststoffperle auffädeln und verknoten.

Erfrischendes Grün in Kombination mit Kautschuk und antiken Silberperlen machen diese Kette zu einem echten Hingucker!

Herbstwind

Kette

Material:

- 7 grünbunte Glasperlen „Welle“, 22/18/5
- 4 grünmatte, ovale Perlen, 12/8 mm
- 10 silberne Kunststoffkugeln „Rose“, Ø 5 mm
- 5 Metall-Schmuckteile
- 5 altsilberne Nietstifte
- 12 altsilberne Kettelstifte
- altsilberne Ankerkette, Ø 1 mm, 0,5 m lang
- altsilberner Knebelverschluss

Zunächst fünf Glaswellen auf je einen Nietstift setzen, alle anderen Perlen auf Kettelstifte fädeln, Ösen biegen und laut Abb. an den Schmuck- bzw. an den Kettenteilen befestigen. In beliebiger Länge die Knebelverschlussteile an der Ankerkette befestigen.

Ohrringe

Material:

- 2 grünbunte Glasperle „Welle“, 22/18/5
- 2 grünmatte, ovale Perlen, 12/8 mm
- 4 silberne Kunststoffkugeln „Rose“, Ø 5 mm
- 2 altsilberne Ohrhaken
- 2 altsilberne Nietstifte
- 2 altsilberne Kettelstifte
- 2 Kettenglieder

Die Perlen gemäß Abb. auf die Niet- bzw. Kettelstifte fädeln, miteinander verbinden und an den Ohrhaken einhängen.

Auch in anderen Farbvariationen ist dieses filigrane Schmuckstück ein tolles Highlight!

Goldrausch

Material:

- 6 eisfarbene Glaskugeln, Ø 10 mm
- 3 eisfarbene Glasrauten, 16/14/5 mm
- 3 olivgrüne Glasrechtecke, 15/12/5 mm
- 2 grün gelüsterte, ovale Glasperlen, 12/8 mm
- 4 antikgoldene Rauten, 14/8 mm
- 3 goldene Metallteile
- transparent-regenbogenfarbene Rocailles, Ø 2 mm
- goldene, grobe Ankerkette, 0,5 m lang
- goldene, feine Kette, 0,5 m lang
- 10 goldene Ringel
- 3 goldene Nietstifte
- 10 goldene Kettelstifte
- 2 silberne Quetschperlen
- goldener Herzknebelverschluss
- Nylonfaden

An den äußeren Ösen eines Metallteils jeweils Stücke der groben Ankerkette befestigen. In die obere, mittlere Öse ein Ringel hängen. Daran zwei 18 cm lange Stücke der feinen Ankerkette und zwei 60 cm lange Nylonfäden einhängen und mit einer Quetschperle fixieren.

Auf die Nylonfäden laut Abb. 19 cm weit Perlen fädeln und das Ganze mittels Quetschperlen mittig an den übrigen Metallteilen einhängen. Die Enden der feinen Kettenstücke jeweils in die inneren Ösen der Metallteile hängen.

Die restlichen Perlen auf Niet- bzw. Kettelstifte fädeln, Stücke der groben Kette einarbeiten und die Stränge ebenfalls an den Metallteilen anhängen. Zuletzt die gewünschte Länge mit der groben Kette bestimmen und an den Enden den Knebelverschluss anbringen.

Mit viel Gold und eleganten Details wird diese Kette zu einem edlen Schmuckstück für ganz besondere Momente!

Wüstenrose

Kette

Material:

- brauner, ovaler Satinring, 4,5 x 3,5 cm
- 4 goldbunte Glasspiralen, 30/13 mm
- 8 goldene Glaswellen, 22/16/5 mm
- 2 goldbunte Glaskugeln, Ø 12 mm
- 4 kupferfarbene Glaskugeln, Ø 16 mm
- 2 braune Rocaille-Kugeln, Ø 2 mm
- antikgoldener Knebelverschluss
- 10 antikgoldene Kettelstifte
- 10 antikgoldene Nietstifte
- antikgoldene Ankerkette, Ø 1 mm, 0,5 m lang

Zunächst in den Satinring zwei 6 cm lange Ankerkettenstücke einhängen. Dazu jeweils das letzte Kettenglied aufbiegen, an der Kette selbst einhängen und zubiegen. Dabei den Satinring umschließen. Einen Spaltring im Satinring an beiden Ketten befestigen und eine Glaswelle anhängen.

Alle übrigen Teile auf Niet- bzw. Kettelstifte fädeln und laut Abb. in die Ankerkette einarbeiten. Zum Schluss drei verschieden lange Ketteile wie beschrieben unten in den Satinring einhängen und die restlichen aufgefädelten Niet- und Kettelstifte einhängen. Abschließend den Knebelverschluss an den Kettenenden befestigen.

Armband

Material:

- 2 ovale, kupferne, gelüsterte Glasperlen, 12/8 mm
- kupferfarbene Glaskugel, Ø 16 mm
- 3 goldene Glaswellen, 22/16/5 mm
- 3 kupferbunte Glasrollen, 15/8 mm
- 4 antikgoldene Kettelstifte
- 5 antikgoldene Nietstifte
- antikgoldener Knebelverschluss
- antikgoldene Ankerkette, Ø 1 mm, 20 cm lang

Die Perlen laut Abb. auf die Niet- und Kettelstifte fädeln, Ösen biegen und die Ankerkette in benötigter Länge zwischen die Kettelstifte setzen. Die Nietstifte anhängen und die Verschlüsse an den Enden anbringen.

Edler Nerz

Kette

Material:

- 3 goldene Rauten, 35/25 mm
- 4 goldene Spiralen, 20/10 mm
- 5 goldkupferne, ovale Perlen, 25/12 mm
- 4 kupferne, matte, ovale Perlen, 12/ 8 mm
- 2 braune Fellpuschel
- 17 goldene Kettelstifte
- goldener Nietstift
- goldener Knebelverschluss
- goldene feine Ankerkette, 0,5 m lang

Die Puschel mit einer dicken Nadel vorstechen und auf je einen Kettelstift setzen. Alle Perlen auf Kettel- bzw. Nietstifte fädeln und laut Abb. oder nach Belieben in die Kette einarbeiten. Anschließend ein 7 cm langes Stück der Kette als Quersteg einarbeiten. Mittig vier Kettenglieder mit einer Perle auf einem Nietstift einhängen. An den Kettenenden den Knebelverschluss ergänzen.

Ohrringe

Material:

- 2 goldkupferne, ovale Perlen, 25/12 mm
- 2 goldene Rauten, 35/25 mm
- 2 goldene Nietstifte
- 2 goldene Kettelstifte
- 2 goldene Ohrhaken

Die Perlen laut Abb. auf die Niet- bzw. Kettelstifte fädeln, miteinander verbinden und an die Ohrhaken hängen.

Beautyful Black

Kette

Material:

- Antik Metallteil mit 3 Ösen
- 8 schwarze, unterschiedlich große Glasperlen
- schwarze Rocaille-Kugel
- silberne, runde Kunststoffspiralen: 4 x Ø 15 mm, 7 x Ø 8 mm
- 9 silberne Kunststoffspiralen, 20/5 mm
- silberne Kunststoffrauten: 2 x 27/ 12 mm, 1 x 28/15 mm
- schwarze Rocailles, Ø 4 mm
- schwarze, grobe Ankerkette
- altsilberne Ankerkette, Ø 1 mm
- 4 schwarze Nietstifte
- 14 antiksilberne Kettelstifte
- silberner Lederbandverbinder
- 2 antiksilberne Ringel
- 4 schwarze Ringel, Ø 15 mm
- 2 schwarze, ovale Ringel, 30/15 mm
- schwarzer Knebelverschluss
- schwarze, gewachste Baumwollkordel
- Nylonfaden

Alle schwarzen Perlen auf Kettel- bzw. Nietstifte setzen und Ösen biegen.

In die obere Öse des Metallteils mittig einen 1,20 m langen Nylonfaden und die Baumwollkordel einhängen. Außerdem an gleicher Stelle ein altsilbernes und ein schwarzes Kettenteil befestigen. Auf die Baumwollkordel abwechselnd eine Kunststoffperle und fünf Rocailles fädeln. Die Abschnitte jeweils mit einem Knoten trennen. Den Nylonfaden abwechselnd mit 13 Rocailles und einem Kunststoffteil befädeln. Die Kettelstifte mit den schwarzen Perlen laut Abb. in die altsilberne Ankerkette einarbeiten. In die schwarze Ankerkette die verschiedenen Ringel und fünf auf Kettelstifte aufgesetzte Acrylperlen einarbeiten.

Einen Teil des Knebelverschlusses an der schwarzen Ankerkette und dem Nylonfaden befestigen. Den anderen Teil an der antiken Ankerkette und der Baumwollkordel anbringen.

Zum Schluss an den unteren Ösen des Metallteils verschieden lange Kettenstücke mit eingearbeiteten Kettel- bzw. Nietstiften anbringen.

Ohrringe

Material:

- 2 silberne Kunststoffspiralen, 27/12 mm
- 4 schwarze Rocailles, Ø 4 mm
- 6 schwarze Ankerkettenglieder
- 2 schwarze Nietstifte
- 2 schwarze Ohrhaken

Die Kettelstifte mit den Perlen bestücken, eine Öse biegen und an drei Ankerkettenglieder einhängen. Die Ankerkette am Ohrhaken befestigen.